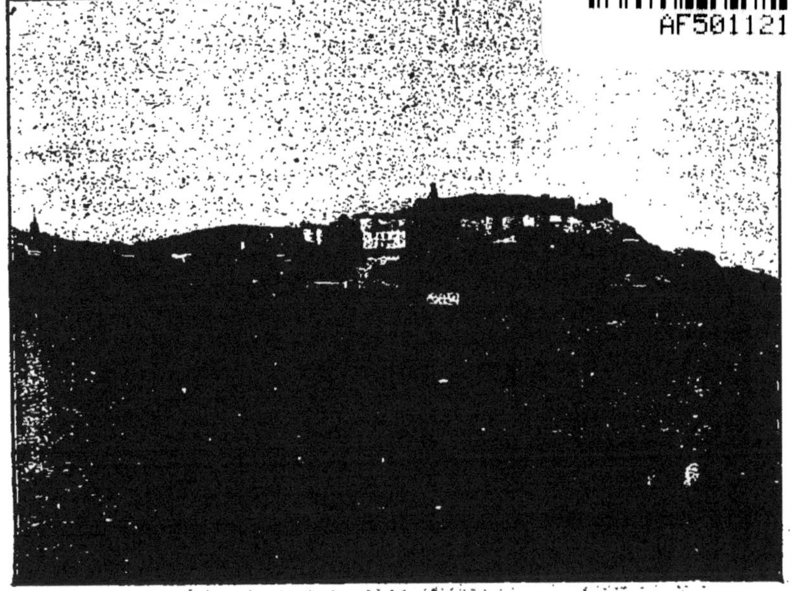

TANGER. — VUE PRISE DU LARGE.

LA QUESTION DU MAROC

I

Dans le partage de l'Afrique il est hors de doute que le Maroc disparaîtra de la carte. Cet empire qui croule, suivant une expression aussi juste que pittoresque, sera forcément submergé par le flot de la civilisation. Un pays a beau être inaccessible grâce à ses côtes, à ses montagnes, au peu de praticabilité de ses routes, au fanatisme de ses populations belliqueuses toujours prêtes à la résistance, sa conquête n'est en définitive qu'une affaire de temps, de circonstance et d'occasion, lorsqu'il est désorganisé intérieurement et lorsque le trône n'y a d'autres assises que le despotisme barbare, les exactions de toute nature, l'arbitraire sous toutes les formes. « Le Maroc est en réalité, comme l'a bien dépeint Gabriel Charmes, un édifice dépourvu de fondements, de contreforts, de soutiens, construit sans aucun respect de l'équilibre. » Croire qu'un tel édifice ait des chances de durer au milieu du monde moderne pouvait cependant ne pas paraître absolument paradoxal tant que l'Afrique elle-même, dans son ensemble et surtout dans sa partie septentrionale, n'était point transformée par l'action politique et coloniale de l'Europe. Il n'était pas illogique, il y a quinze ou vingt ans, d'admettre, en se plaçant plus haut que les étroits horizons de quelques ambitions isolées, qu'un peuple, tenu à l'écart du progrès par ses souverains et s'en détournant volontairement par haine de l'étranger, eût, à raison de son caractère propre, de ses éléments naturels, assez de vitalité pour dresser des remparts inexpugnables contre ceux qui, convoitant cette proie, se tenaient mutuellement en respect par leurs rivalités. Mais les événements changent les points de vue, et ce qui paraissait vrai ou vraisemblable hier perd aujourd'hui toute force d'argumentation. C'est désormais un fait indiscutable que si l'empire marocain ne se décompose pas de lui-même ou ne tombe pas en pièces comme s'effondre une construction mal bâtie, il sera fatalement morcelé entre les États qui le guettent : Angleterre, Espagne, France, Allemagne. Encore n y aurait-il que trois intervenants au procès, car l'Espagne, atteinte pour longtemps dans ses destinées par ses pertes en Amérique, ne saurait songer à entrer de longtemps dans un débat africain.

Évidemment les chérifs marocains lutteront aussi énergiquement qu'ils le pourront contre cette fin de leur puissance. Il est facile de prévoir qu'ils mettront en œuvre pour conjurer leur déchéance toutes les ressources et tous les artifices. Leur passé les inspirera d'ailleurs à cet égard. Ils n'ont qu'à relire l'histoire chérifienne pour y puiser des moyens de défense qui ont presque toujours réussi à leurs prédécesseurs. Ils feront des traités avec ceux qui les menaceront, quitte à les déchirer à l'heure propice. Les empereurs du Maroc sont coutumiers de cette mauvaise foi. Dès 1630 le sultan de Tanger faisait des promesses de bonne entente à la France. Et ce siècle ne s'acheva point sans violation de ces serments. L'Angleterre, qui obtint des engagements analogues en 1760, fit la même expérience de la duplicité marocaine, avant la clôture du dix-huitième siècle. En 1828 l'Autriche en eut la preuve à son tour. Les Marocains, en dépit de leur amitié avec le gouvernement de Vienne, pillèrent à Rabath un navire marchand vénitien sous pavillon autrichien et enchaînèrent l'équipage. Ils donnèrent pour raison de cette agression que Venise avait souscrit au sultan du Maroc l'obligation de lui payer un tribut d'environ cent mille francs, et que l'empereur François-Joseph, maître de la Vénétie, n'avait pas voulu acquitter cette dette. Une escadre autrichienne commandée par l'amiral Bandiera parut devant Larache et bombarda la ville. Les troupes européennes débarquèrent et allaient donner l'assaut quand tout à coup le rivage se couvrit de Marocains armés jusqu'aux dents qui rejetèrent les assaillants dans la mer. Un grand nombre d'Autrichiens se noyèrent. Ceux qui tombèrent au pouvoir des Marocains furent massacrés sans pitié et les têtes de ces malheureux que l'on décapita allèrent orner les palais de Fez et de Tanger. L'amiral Bandiera se dirigea vers Rabath, où il ne put accoster. La guerre se poursuivit, traînant en longueur, et l'Autriche se contenta finalement des réparations qu'on lui offrit : restitution du navire pillé et renoncement au tribut.

Un différend, qui eut une issue semblable, peu grave pour le Maroc, éclata entre celui-ci et l'Espagne en 1844. Le chérif avait fait livrer au supplice un agent consulaire espagnol, Victor Darmon, qui, à la chasse, avait par accident blessé un agent marocain. L'Espagne demanda satisfaction. Loin de la lui accorder, les Marocains aggravèrent leur situation par le pillage d'un navire espagnol et le meurtre de tous les hommes à bord. Le gouvernement de Madrid, au lieu d'agir avec fermeté, fit une démonstration à peu près platonique. Il attendit l'intervention de l'Angleterre pour se faire donner un semblant de justice qui se réduisit à une simple peine infligée au gouverneur de Mazagran, auteur de la condamnation capitale de Victor Darmon, à une indemnité payée à la famille de la victime et à la cession d'une bande de terrain aux Espagnols dans le voisinage de Ceuta.

Nous ne raconterons pas ici les faits très connus de la guerre franco-marocaine qui se termina en 1845 en notre faveur par les victoires de Bugeaud, mais qui fut féconde en subterfuges chérifiens. Plus près de nous, nous retrouvons cette perfidie du Maroc dans la campagne que dirigea contre lui l'Espagne en 1860. Plus près encore, l'affaire du Riff, en 1893, démontra la déloyauté marocaine.

Toutefois ces procédés, qui se reproduiront, ne sauveront pas le Maroc. Son sort dépend en somme de l'attitude respectueuse des prétendants à la succession actuellement ouverte avant décès. Or, ces prétendants ne cachent pas que pour chacun d'eux le Maghreb est un objectif désirable et prend place dès maintenant dans leurs calculs d'annexions africaines.

Tout d'abord l'Angleterre, qui commande déjà le détroit avec Gibraltar, a les yeux braqués sur Ceuta et Tanger, dont elle espère bien faire, un jour ou l'autre, des positions britanniques. Elle compte y parvenir patiemment en patelinant ou le cas échéant brusquement *manu militari!* Pour cela, d'un côté elle s'est assuré des appuis, des instruments, des amitiés dans les conseils du sultan marocain, autour duquel elle monte la garde avec vigilance. Elle lui recommande en toute occurrence le *statu quo*, lui offrant au besoin son épée pour trancher les nœuds gordiens que la diplomatie britannique ne pourrait défaire. Et, attendant qu'un motif plus ou moins plausible permette à un Chamberlain de renouveler à Tanger la comédie jouée jadis au Caire, elle espère bien saisir ou créer le prétexte de prendre le Maroc, comme il est arrivé pour l'Égypte, sous sa tutelle. D'un autre côté, et secrètement, elle maintient en activité les ferments séparatistes qui doivent contribuer à la désagrégation de l'empire chérifien.

L'Espagne, avant son échec à Cuba, rêvait encore l'annexion du Maroc tout entier au territoire qu'elle possède déjà sur la côte africaine. Ce rêve se serait peut-être rapproché de la réalité si la politique espagnole avait eu d'autres pilotes que les Martinez Campos, les Canovas del Castillo et les Sagasta. On n'a jamais su profiter à Madrid des magnifiques avantages acquis par l'occupation de Ceuta, Peñon de Velez, Alhucemas, Mellila, les îles Zaffarines, Rio de Oro. Il est à craindre que maintenant il ne soit trop tard pour en tirer tout le bénéfice espéré. La convention de Melilla en 1893 a prouvé au reste que l'Espagne n'avait, dès ce moment, en vue d'une semblable aventure, j'entends d'une guerre déclarée au Maroc, ni assez de soldats, ni assez de capitaux. Aujourd'hui elle en a moins encore et sa position est pire. Par conséquent, ce n'est pas elle qui fera valoir des revendications, même si le chérif oubliait, encouragé par les embarras qu'elle éprouve, de lui payer les annuités encore à échoir de l'indemnité encourue en 1893. Mais si l'Espagne est impuissante maintenant, elle garde au cœur ses ambitions et ses convoitises.

L'Allemagne n'a pas envoyé sans intention des agents au Maroc. Le long séjour qu'y a fait Rohlfs entre autres avait assurément un autre but que celui d'une exploration scientifique. Dans la chasse aux territoires africains les Allemands se présentent partout, avec cette conviction qu'il peut arriver un moment où il est commode de faire main basse sur ceci ou cela. Ils ont pris un lopin de l'Afrique orientale, ils ne désespèrent pas de s'arroger quelque coin de l'Afrique occidentale.

La France comme nous l'avons indiqué ailleurs (1), aurait plus que toute autre puissance européenne des droits sur le Maroc, si l'on procédait à la déposition du chérif. N'est-elle pas limitrophe du Maghreb par l'Algérie ? N'a-t-elle pas d'ores et déjà des intérêts considérables à protéger sur ses confins algériens où le chérif pourrait, en arguant de sa prétendue souveraineté, avoir la velléité de laisser s'installer les Anglais et les Allemands comme concessionnaires dans les oasis du Touat, à Tafilelt, à Figuig, qui sont les clefs de nos routes du Soudan occidental et de Tombouctou ? En outre, notre commerce oranais, principalement, n'est-il pas appelé à pénétrer dans le Maroc, comme un flot rompant la digue, dès que les barrières aujourd'hui opposées à cette pénétration auront cessé d'exister ?

Or, — qui pourrait le nier ? — l'existence du Maroc autonome est plus précaire que jamais. La civilisation — telle une vague irrésistible — franchira bientôt ces obstacles ou les renversera. L'impression recueillie par la plupart des voyageurs ou des hommes d'État qui ont séjourné au Maroc est, dit M. Victor Deville, que le *statu quo* ne peut durer davantage, qu'une transformation ou un morcellement doit certainement s'opérer. Cette impression résulte de l'organisation du pouvoir central, de la situation des provinces, de la misère des populations et des ruines qui attristent de tous côtés le regard (2).

II

On peut regretter que parmi ces regards ceux de la France soient des moins attentifs. Ignorance ou inconscience, non seulement la plupart de nos gouvernants, mais aussi la grande majorité de nos législateurs semblent ne pas pouvoir se départir de l'indifférence systématique que l'on a chez nous pour tout ce qui touche au problème marocain.

Et cependant il est hors de doute que notre œuvre coloniale en Afrique ne sera pas achevée tant que le Maroc ne sera pas compris dans notre zone d'influence, en attendant qu'il entre dans la grande France africaine. Quoi qu'en disent ceux qui redoutent les complications, il y a une question du Maroc : latente encore pour des myopes dont la vue ne va pas plus loin que le présent, elle s'ouvrira inévitablement dès le premier quart du vingtième siècle ; l'Angleterre l'aurait du reste déjà soulevée si elle n'avait à compter avec nous là et ailleurs. Pourquoi ne la devancerions-nous pas dans cette voie ? Et pourquoi nous exposons-nous, en restant dans l'expectative, à voir naître, sous l'inspiration britannique, une affaire de contesté franco-marocain dans laquelle, comme en eau trouble, les Anglais, experts à ce manège, pêcheront certainement quelque chose ?

Charles SIMOND.

(1) Voir *Bibliothèque des Voyages*, n. 30. Arthur de Ganniers. *Le Maroc*, avec introduction par Charles Simond.
(2) Victor Deville. *Partage de l'Afrique* (Paris, librairie coloniale, J. André).

TANGER. — VUE PRISE DE LA PLAGE.

TANGER

LA VILLE DES CHIENS (1)

I

Tanger, la *ville des chiens*, comme la surnomment les Marocains depuis qu'elle est habitée par des Européens, est située, comme Gibraltar et comme Alger, au fond d'une baie offrant aux navires un mouillage bien abrité contre les vents du Sud et de l'Ouest, médiocre par les vents du Nord, et fort dangereux par les vents d'Est, qui s'engouffrent dans le détroit et font rage dans la rade. Aussi les paquebots qui ont à s'y arrêter ont-ils soin de rester assez loin au large, afin d'être moins exposés en cas de brusques changements de temps.

Nous jetons l'ancre à douze ou quinze cents mètres en face de la ville. De grandes barques, montées par de robustes rameurs, à peine vêtus, se dirigent vers nous. Aussitôt la libre pratique accordée, le paquebot est envahi par une foule de grands diables loqueteux, à la peau d'ébène ou de bronze, qui se précipitent, comme des pirates à l'abordage, sur les valises, les malles et les paquets des voyageurs.

(1) Texte inédit. — Reproduction interdite.

Ils se les disputent, se les arrachent et jettent, bon gré mal gré, dans leur canot, par-dessus bord, tous les colis dont ils sont parvenus à s'emparer. C'est bien l'invasion des *Teurs*, décrite si pittoresquement par Alphonse Daudet dans son *Tartarin de Tarascon*.

Le canot, dans lequel nos bagages ont ainsi été empilés, se trouve bientôt chargé d'une dizaine de voyageurs et d'un amas de malles, de sacs et de colis de tous genres. Il enfonce presque jusqu'au bordage; chaque vague semble devoir l'engloutir ; mais les rameurs n'en paraissent nullement inquiets; ils s'excitent de la voix, rament avec énergie, et, après vingt minutes d'émotion, nous accostons enfin le léger débarcadère sur pilotis que les consuls européens ont fait construire, à leurs frais, il y a quelques années.

Autrefois, la plage de sable ne permettant pas aux canots d'approcher avec leur chargement jusqu'à la terre ferme, les voyageurs ne pouvaient débarquer que sur les épaules de porteurs entrant dans l'eau jusqu'à la ceinture.

On débarque sur une petite plage sablonneuse devant l'établissement de la douane, sorte de voûte à cinq arcades ogivales, placée devant une des portes de la ville.

Au milieu d'un amoncellement de caisses et de ballots entassés pêle-mêle sous la voûte, trois Maures, gravement enveloppés dans leurs blancs haïcks, se tiennent accroupis, les jambes croisées, sur de petits tapis. Ils ont devant eux du papier, un encrier et des fragments de roseaux taillés, leur servant de plumes. Ce sont les administrateurs de la douane impériale, chargés de percevoir le droit fixe de 10 pour 100 *ad valorem* sur toutes les marchandises importées au Maroc.

Ces fonctionnaires ne sont pas payés par le gouvernement chérifien, et pourtant leur poste est un des plus ardemment convoités. Peu d'années suffisent, assure t-on, pour enrichir un administrateur des douanes marocaines.

Lorsqu'un emploi se trouve vacant, les compétiteurs accompagnent leur demande au Sultan de l'offre d'une somme d'argent importante : cinquante, cent, deux cent mille francs; et c'est celui qui a mis le plus haut prix à l'obtention de la charge qui l'emporte sur ses concurrents.

Le Sultan ne peut ignorer que les administrateurs de la douane, comme nos anciens fermiers généraux, détournent à leur profit une bonne part des produits qu'ils sont chargés de recouvrer; mais il faut croire qu'il préfère laisser cet état de choses se perpétuer plutôt que d'organiser dans son empire une administration aux rouages multiples, compliqués et coûteux.

Les administrateurs de la douane de Tanger, ayant sous leurs ordres quelques douaniers gardes-côtes, disséminés sur le littoral, composent tout le personnel de cette importante administration qui ne possède ni commis, ni vérificateurs, ni contrôleurs, ni inspecteurs, ni directeur. Ils perçoivent directement eux-mêmes et rendent compte au Sultan de leurs recettes. Inutile de dire que la contrebande est une des institutions les plus florissantes du Maroc en raison même des facilités remarquables qu'elle trouve dans cet étrange pays.

Nos bagages déposés devant les administrateurs et sommairement visités, nous franchissons la voûte et suivons un instant une sorte de chemin de ronde, bordé de hautes murailles, puis nous débouchons dans une rue escarpée qui monte vers le haut de la ville.

Cette rue, comme toutes celles de Tanger, du reste, est pavée de petits cailloux irréguliers avec double pente dirigée vers le milieu de la chaussée. Elle est couverte d'immondices et se transforme, à la moindre pluie, en un véritable cloaque bourbeux. C'est cependant la rue principale, conduisant de la porte de la Marine à la porte de Fez et à la place du Grand-Marché (Socco-El-Kebir). Elle présente, toute la journée, une extrême animation. La circulation y est même fort difficile pour les piétons, qui sont constamment obligés de se garer pour éviter les chocs et les bousculades des bêtes de somme et des cavaliers.

Au milieu de la rue principale se trouve la place du *Petit Socco*. C'est le point central de la ville, la place publique la plus fréquentée. Cette placette n'est, en réalité, qu'un simple élargissement de la rue. Elle mesure à peine trente mètres de long sur douze de large; pourtant, elle paraît presque vaste comparativement à l'extrême exiguïté des rues de la ville, infectes et obscures ruelles, privées d'air et de soleil.

C'est là que se trouvent les principales boutiques des marchands juifs et arabes, échoppes sans vitrines ressemblant à celles de Tunis et des anciens quartiers de Constantine. Le marchand, accroupi à la façon des tailleurs, y attend le chaland, qui achète, de la rue même, à peine abrité du soleil ou de la pluie par le large volet de fermeture se relevant sur charnières et formant ainsi une sorte d'auvent.

Si l'aspect de Tanger, vu de la mer, est pittoresque et agréable avec ses maisons blanches, bâties en amphithéâtre, dominées par sa casbah, son enceinte de remparts, ses environs assez verdoyants, celui de la ville est fort triste. Elle a même perdu, depuis quelques années, une partie de son cachet oriental par la construction de maisons européennes dont les fenêtres, ornées de persiennes et de volets, paraissent absolument dépaysées au milieu de grands murs blancs, rarement percés de petites portes basses qui constituent les uniformes façades de toutes les maisons mauresques. Il y a, à Tanger, plusieurs hôtels européens assez bien tenus et où l'on est relativement bien servi.

II

Tanger est une ville de dix à douze mille habitants, percée de ruelles tortueuses et étroites. Les maisons y ont été construites sans aucun souci de l'alignement; l'une déborde et étrangle la rue, d'autres ont été placées en retrait ou en fausse équerre; beaucoup ont l'étage supérieur qui déborde sur le rez-de-chaussée et qui

UNE RUE A TANGER.

vient presque s'appuyer sur la maison d'en face, transformant ainsi des parties de rues en étroits et sombres couloirs. La caractéristique de tous les quartiers est une saleté repoussante.

Cependant, depuis un certain nombre d'années, une commission sanitaire, instituée par les consuls européens, s'est chargée de l'enlèvement des immondices et de l'assainissement de la ville, mais ce service est encore fait d'une façon sommaire. Si l'on ne rencontre plus qu'exceptionnellement en ville des chiens ou des chats crevés, il est impossible de passer sur la plage, promenade favorite des habitants, sans se heurter aux cadavres en putréfaction de toutes sortes de charognes infectes. Quant aux rues de la ville, ce sont de véritables bourbiers, couverts d'immondices et de boues noires et puantes.

Aussi, grande est la surprise du voyageur lorsque, la nuit venue, il constate que cette cité, qui n'est même pas balayée, est brillamment éclairée à l'électricité ! Alors que, jusqu'à ces dernières années, Tanger ne possédait absolument aucun genre d'éclairage nocturne et que chaque habitant, obligé de sortir la nuit, était forcé de se munir d'une lanterne, on est passé, sans transition, du manque absolu de luminaire à l'usage des lampes Edison ! Inutile de dire que cette installation est l'œuvre des résidents européens, qui se cotisent pour en couvrir les frais.

LA RUE PRINCIPALE A TANGER.

Sur une hauteur qui domine la ville se trouve la casbah. Son enceinte est assez vaste, car elle contient le palais et le harem du pacha, gouverneur de la ville, le tribunal, la prison, l'hôtel des monnaies et la citadelle. Le tout est d'un aspect assez délabré.

Le palais du pacha a son entrée à l'angle sud de la cour principale de la casbah. Comme dans toute riche maison mauresque, on pénètre d'abord dans un assez vaste patio, dallé de faïences, entouré d'une galerie supportée par des colonnes de marbre blanc à chapiteaux corinthiens. Autant qu'on peut en juger par la pièce servant de salle d'audience, l'ornementation intérieure est fort riche : les murs et les plafonds sont garnis de charmantes arabesques en plâtre fouillé, qui rappellent les décorations des splendides palais maures du sud de l'Espagne.

A gauche de la maison du pacha, se trouve le tribunal, sorte de péristyle où se rend la justice. Celle-ci, extrêmement sommaire et expéditive, est rendue, chaque matin, par le pacha. Ses décisions souveraines sont exécutées séance tenante, et c'est sous ses yeux que la bastonnade est appliquée aux délinquants.

A deux pas du tribunal, sur la droite, est la prison. Sous un portique délabré s'ouvrent deux portes basses, percées chacune d'un trou rond par lequel les prisonniers reçoivent à peine un peu d'air et de lumière. Chacune de ces portes donne accès à une sorte de cave voûtée dont l'une contient les détenus de Tanger, et l'autre ceux de l'intérieur du pays.

Les malheureux prisonniers y croupissent, souvent pendant bien des années, dans l'ordure, vivant exclusivement de la charité des passants ou des secours de leur famille; car le gouvernement ne pourvoit à aucun de leurs besoins. C'est par l'ouverture ronde, pratiquée dans la porte du cachot, que les visiteurs peuvent plonger un regard dans ces horribles basses-fosses obscures et puantes. C'est par là aussi que les âmes compatissantes font passer des dons en espèces ou en nature aux détenus.

A l'ouest de la ville, au sommet de la rue principale, en dehors de la porte de Fez, se trouve la place du Grand-Marché, appelé Socco-El-Kebir. Cette place, d'une superficie d'un peu plus d'un hectare, est le lieu de stationnement de toutes les caravanes venues de l'intérieur du Maroc. Rien de pittoresque comme la rue du Socco-El-Kebir un jour de marché, c'est-à-dire le jeudi. Une foule bruyante y circule au milieu d'un amoncellement de marchandises de toutes sortes, déposées en tas sur des nattes ou abritées sous des tentes improvisées, construites avec un bout de toile soutenu par deux bâtons et des ficelles faites de feuilles de palmier. Plusieurs centaines de chameaux, de mulets et d'ânes grouillent pêle-mêle au milieu des gens et des marchandises.

Aux vociférations des acheteurs et des vendeurs qui discutent et se disputent se mêlent les longs cris des chameaux; les chevaux hennissent, les ânes braient : c'est un tohu-bohu, un charivari assourdissant, absolument indescriptible.

Dans un coin du marché, la foule fait cercle autour d'un homme au teint fortement bistré, dont la tête nue est ornée de cheveux gras tombant en longues mèches épaisses et bouclées. C'est un charmeur de serpents. A côté de lui, est accroupi un joueur de fifre qui accompagne chacun de ses exercices d'une sorte de mélopée sauvage dont le rythme va se précipitant de plus en plus à mesure que le charmeur arrive au moment le plus émouvant de ses exercices. Il entr'ouvre une outre de peau de bouc et en fait sortir successivement plusieurs serpents, qu'il enroule autour de ses bras, dont il s'entoure le cou, avec lesquels il joue sans paraître aucunement se préoccuper de leurs morsures. On voit souvent de ces bateleurs dont le visage et les bras sont couverts de sang et qui n'en continuent pas moins leurs jongleries. Ils prétendent être réfractaires à l'intoxication produite sur le commun des mortels par le venin de ces reptiles; mais, bien que les gens affirment qu'il arrive parfois qu'un chien, introduit dans le cercle et mordu par un de ces serpents, meurt presque instantanément dans d'atroces convulsions, il est plus vraisemblable d'admettre que ces jongleurs ont eu préalablement soin de rendre la morsure inoffensive par des moyens à eux connus.

Au milieu de la foule circulent des bandes de nègres se livrant à une musique véritablement infernale; les uns, au moyen d'énormes castagnettes en fer (*derboukas*) qu'ils entre-choquent à tour de bras; d'autres, en soufflant, à pleins poumons, dans des espèces de clarinettes aux sons aigus et perçants, paraissent se livrer à un tournoi dont le prix doit être décerné au plus bruyant, et, comme ils semblent n'avoir d'autre désir que d'assourdir leurs voisins, ils réussissent à produire un insupportable vacarme dont on ne parvient à se débarrasser qu'en leur jetant quelque pièce de menue monnaie.

Sur un autre point du marché, affecté aux bouchers, les bestiaux, amenés vivants, sont égorgés, dépouillés, débités en morceaux, et leur chair est aussitôt vendue encore chaude et toute pantelante.

Les marchands de grains, de tissus et de fruits étalent leur marchandise à terre côte à côte avec les vendeurs de savon noir, d'huile et de beurre fondu.

Plus de deux mille Marocains sont parfois réunis sur un si petit espace, les jours de marché. Les uns sont venus pour vendre ou faire des emplettes; mais le plus grand nombre s'y rend, souvent de fort loin, pour venir prendre des nouvelles ou rencontrer des amis.

Des hauteurs du Socco-El-Kebir, la vue est incomparable. Elle embrasse l'ensemble de la ville, couronnée de sa casbah, et du milieu de laquelle s'élancent les hauts minarets de ses deux mosquées, la rade où se balance toute une flottille de bateaux, la large nappe, d'un bleu sombre, du détroit, bordée, à droite, par les grandes montagnes africaines et, à gauche, fermant l'horizon, par la ligne ondulée et chatoyante des côtes d'Espagne.

III

Les environs de Tanger sont verdoyants et agréables; aussi sont-ils habités, de préférence à la ville, par les Européens aisés résidant dans la « cité des chiens ». Les représentants diplomatiques des diverses puissances ont fait construire hors la ville de belles résidences, entourées de luxuriants jardins où la flore européenne se mélange très harmonieusement avec les fleurs et les arbres des régions tropicales. On remarque surtout la villa du ministre de la « Grande-Bretagne », située près de la porte de Fez; celle du ministre de Belgique, non loin du Socco-El-Kebir; le splendide jardin de la Légation de France sur la route du cap Spartel; la villa du ministre d'Allemagne, etc.

Le chemin qui conduit au cap Spartel est la seule route à peu près entretenue qui existe dans tout le Maroc. Il est vrai qu'elle a été tracée par la commission internationale, qui a édifié le phare

LA PLAGE A TANGER.

construit à la pointe sud-ouest du détroit de Gibraltar, et que le gouvernement marocain ne participe en rien à son entretien. C'est surtout le long de ce chemin qui mène au phare que s'élèvent les plus charmantes habitations, perdues dans la verdure et les fleurs. Sur tout le parcours, on a la jouissance continuelle d'une vue admirable sur la rade et le détroit, et la brise de l'Océan y entretient, même à l'époque de la canicule, une délicieuse fraîcheur.

Au-dessous de la ville, se déroule, le long de la baie, une immense plage, d'un beau sable doré, qui est le but de promenade favori de la société européenne. Chaque après-midi, les cavaliers et les amazones s'y rencontrent avec les piétons qui, fuyant les âcres et répugnantes odeurs de la ville, viennent, en famille, respirer les vivifiants effluves marins.

A l'époque de notre séjour à Tanger, le camp des troupes chérifiennes était dressé au-dessus des dunes sablonneuses qui dominent la plage, à 5 kilomètres environ de la ville. L'aspect de ce camp marocain est fort curieux; il rappelle les descriptions classiques de Xénophon sur la manière dont les anciens disposaient leurs campements. Les tentes sont rangées en cercle autour d'un mamelon sablonneux entièrement dénudé; celles des chefs, qui se distinguent par leurs plus grandes dimensions et par les arabesques de couleur dont elles sont ornées, sont placées au centre du cercle; l'enceinte centrale est réservée aux chevaux et au bétail.

LE SOCCO-EL-KEBIR, A TANGER.

On nous donne de curieux renseignements sur la façon dont est recrutée et entretenue l'armée du Sultan. Il n'existe, en fait, aucune armée régulière et permanente; mais, lorsqu'une insurrection éclate ou qu'une tribu refuse de payer les impôts, ce qui arrive assez souvent, le gouverneur de la province, le pacha, est chargé par le Sultan de lever des contingents dans les tribus soumises. Ces troupes sont armées sommairement avec des fusils de tous systèmes et réunies sous les ordres de chefs, le plus souvent sans aucune instruction militaire, ignorant toute tactique et même les plus simples éléments de la stratégie moderne.

Les soldats doivent s'équiper, se vêtir et se nourrir comme ils l'entendent; ils sont censés recevoir une solde d'environ vingt centimes par jour; mais, dans la pratique, les chefs oublient volontiers de faire la paix et préfèrent laisser leurs hommes vivre de rapines et de pillage. Aussi l'établissement d'un camp est-il un sujet d'effroi et de ruine pour les habitants.

Quant aux tribus révoltées, leur défaite est le signal d'un véritable carnage; tout est mis à feu et à sang; les hommes ne trouvent leur salut que dans la fuite; les femmes sont choisies par les vainqueurs et emmenées en esclavage; les habitations incendiées et rasées; les troupeaux distribués aux soldats. L'insurrection ainsi réprimée, les troupes sont licenciées jusqu'à ce qu'une nouvelle révolte se produise.

Les officiers sont rétribués, en dehors de leur part de butin, au moyen de concessions agricoles dont ils conservent l'usufruit jusqu'à ce que le bon plaisir du Sultan le leur retire pour l'attribuer à un plus favorisé.

Nous aurons à parler bientôt du système financier de cet empire féodal et nous verrons qu'au Maroc, de tous les fonctionnaires, depuis le Grand Vizir jusqu'au plus humble des cheiks (chefs des villages), aucun n'est rétribué. Etant tous, plus ou moins, collecteurs d'impôts, chacun se paie largement de ses propres mains en prélevant sur le peuple bien au delà de ce qu'il a été chargé de percevoir. De sorte que c'est le malheureux serf, le « fellah », « taillable et corvéable à merci, » qui supporte finalement le poids de toutes les exactions commises par ceux qui détiennent le pouvoir.

On ne saurait trop recommander aux personnes qui veulent se rendre dans l'intérieur du Maroc, de se munir, avant leur départ d'Europe, du matériel de campement nécessaire pour ce voyage d'exploration, car c'en est un véritablement! On ne trouve à Tanger que des tentes peu pratiques, des lits de camp très mauvais et des denrées souvent avariées. Le mieux est donc d'emporter ou de se faire adresser à Tanger le matériel utile : on sera certain d'être convenablement équipé et on évitera ainsi de se faire voler par les Marocains, qui ne négligent jamais l'occasion d'exploiter les étrangers. — Il faut avoir soin de prendre avec soi quelques médicaments, tels que de la quinine, du sulfate de zinc pour les maladies d'yeux, un antiseptique pour les plaies; car les Marocains se figurent que les Européens, ayant des accointances avec le diable, sont tous un peu sorciers et connaissent l'art de guérir toutes les maladies. En arrivant dans les douars, on est harcelé par une foule d'éclopés qui viennent vous consulter; et souvent, avec quelques médicaments, judicieusement distribués, on se concilie les sympathies de ces grands enfants.

Enfin, une importante recommandation. Avant de quitter Tanger, il faut demander, par l'intermédiaire de son consul, au gouverneur de la ville de faire mettre à votre disposition, pour vous faire escorte, un mokrasni (soldat du Sultan). On verse un douro (cinq francs) par jour au gouvernement chérifien pour ce protecteur qu'il vous accorde; mais le Sultan vous prend alors sous sa garde, et, s'il vous arrive malheur, il est responsable et paie une indemnité à vos héritiers. Or, comme la responsabilité collective existe au Maroc, les habitants du douar ou de la tribu que vous traversez, craignant d'être obligés de répondre de tout ce qui pourrait vous arriver de fâcheux, vous protègent, dans leur intérêt même. — Malheureusement, on passe souvent dans le voisinage de tribus qui ne reconnaissent pas l'autorité du Sultan et que la présence du « mokrasni », à la tête de votre caravane, n'empêcherait nullement de commettre leurs méfaits, s'il leur prenait envie de vous attaquer.

Après avoir loué de bons mulets, s'être assuré d'un guide connaissant bien le pays, avoir donné des instructions très précises pour que le départ s'effectue, le lendemain, à la première heure, on peut s'endormir du sommeil du juste, dans un bon lit. Pendant les sept jours qui suivront, on ne pourra dormir, sous la tente, que dans des conditions très peu confortables et souvent que d'un œil, car les gens qui vous entourent vous détestent cordialement, et il faut se méfier!

IV

Malgré toutes les recommandations faites la veille, ce n'est qu'à sept heures du matin que le guide Abdesselam arrive avec les muletiers et les bêtes.

A sept heures et demie, après un long chargement laborieux de notre matériel de campement et de nos bagages, nous quittons l'hôtel. Notre petite caravane, après avoir franchi les portes, s'engage dans un chemin sablonneux et mouvant, bordé par des jardins sur une longueur de plus d'un kilomètre. Nous suivons ensuite une sorte de piste à travers un pays plat et fertile, puis, après avoir traversé deux petites collines, nous en franchissons une troisième plus élevée, d'où la vue est très étendue. Nous passons alors à gué la rivière de l'*Oued-Djedj*, les mulets ayant de l'eau jusqu'au ventre. Peu après, vers onze heures et demie, nous rencontrons, au bord du chemin, un mauvais *gourbi* (hutte), dans lequel est installé un Marocain qui prépare et vend du thé. De même qu'en Algérie et en Tunisie, l'indigène musulman est très amateur de café, de même, au Maroc, les Maures ne boivent guère que du thé, soit aromatisé avec de la menthe ou des parfums divers, soit simplement avec du sucre.

Nous faisons halte dans cette cahute pour déjeuner. Un Marocain, qui s'est arrêté lui aussi pour se reposer, nous voyant prendre quelques gouttes de cognac, après notre déjeuner, nous demande de lui en donner. Nous lui en versons un peu dans un gobelet, mais il réclame en insistant pour qu'on le lui remplisse. Nous lui faisons observer que le cognac est une liqueur forte qui ne se prend qu'à petites doses; mais il riposte que, les boissons alcooliques étant défendues par le Coran et qu'étant décidé à commettre un péché, il préfère, pendant qu'il y est, boire un verre entier qu'un demi-verre! Nous n'étions qu'à trois heures de Tanger : ce Marocain s'était frotté à la civilisation; il avait perdu la foi!

Repartis à midi, nous atteignons bientôt une région montagneuse, couverte d'épaisses broussailles. On voit que ces monta-

LA PLAGE A TANGER.

gnes étaient autrefois plantées de magnifiques forêts; mais les arbres ont été coupés, et les rejetons constamment maltraités par les hommes et les bêtes ont formé des taillis broussailleux presque impénétrables.

A l'entrée même de la forêt, un Anglais de Tanger a fait construire un *fondack* important qui sert de rendez-vous de chasse aux étrangers, pour lesquels on organise assez souvent des battues aux sangliers, qui pullulent dans ces régions.

La traversée de cette forêt, qui paraît s'étendre fort loin, à droite et à gauche, est longue d'au moins huit kilomètres.

Sauf de petits bouquets d'arbres que l'on aperçoit, de loin en loin, sur les côtés du sentier que l'on suit, on ne voit que des chênes-lièges coupés, des rejetons broussailleux et de jeunes sujets

LA PORTE DE LA DOUANE A TANGER.

ne mesurant pas plus de dix à douze centimètres de diamètre.

Nous sommes dans la région du *Sahel*, qui comprend plusieurs villages, dont le plus important est *El R'bia* que nous allons laisser sur notre gauche. Les montagnes que nous franchissons sont désignées dans le pays sous le nom de *Rabba-El-Amra* (la broussaille rouge). Le sol est, en effet, composé de roches rougeâtres, paraissant contenir une forte proportion d'oxyde de fer; l'eau d'une source que l'on rencontre au bord du chemin a un goût métallique extrêmement prononcé.

Au pied de cette montagne, se trouve la bifurcation des sentiers qui vont vers Fez et vers Larache. C'est cette dernière direction que nous prenons en obliquant à droite; et, après avoir traversé une plaine assez vaste, puis une petite chaîne de montagnes, nous nous trouvons, à trois heures et demie, devant l'*Oued Ayacha*, large d'une trentaine de mètres, dont les bords sont extrêmement vaseux. En suivant avec précaution des traces qui nous indiquent le passage solide, nous parvenons à franchir la rivière sans encombre; mais à peine arrivés sur l'autre rive, nous entendons des cris derrière nous. Ce sont les gens de notre escorte qui se lamentent et se battent, parce que nos mulets de charge, mal dirigés, se sont embourbés dans la vase jusqu'au ventre. Nous sommes obligés de revenir sur nos pas pour aider les muletiers à se dépêtrer. Il faut décharger les bêtes, les soulever par les brides et la queue en les poussant vers la rivière, dans le lit de laquelle elles retrouvent enfin pied. Ce n'est qu'après une grande heure de travail et d'efforts que nos hommes, couverts de boue jusqu'aux oreilles, peuvent sortir de ce mauvais pas.

Après avoir traversé encore une petite plaine et franchi une montagne, nous atteignons les bords de l'*Oued Arifa*, au moment où la marée fait refluer les eaux et rend le fleuve très profond. Des Marocains, qui passent le gué devant nous, ont de l'eau jusqu'au cou. Ne pouvant attendre l'heure de la marée basse, qui est indiquée pour une heure du matin, car l'endroit est signalé comme fort peu sûr, nous devons décharger nos mulets et faire transporter nos bagages, pièce par pièce, sur la tête de quatre indigènes qui veulent bien consentir, moyennant une forte rétribution, à nous rendre ce service. Quant à nous, nous lançons nos mulets à la nage et, saisis de vertige par la rapidité du courant, nous nous abandonnons à leur instinct. Nous abordons sur la rive opposée, sans accident.

Tous ces incidents nous ont fait perdre beaucoup de temps. La nuit est venue et, au lieu d'aller coucher à *Arzila*, comme nous le désirions, nous devons dresser notre tente chez les *Ouled Draïm*, *Arzila* étant encore à plus d'une heure et demie de route. Notre guide nous déclare que le chemin est dangereux de nuit, car beaucoup de maraudeurs infestent la contrée, et le *Mokrasni* exige que nous allions camper chez les *Ouled Draïm*. Nous y arrivons vers neuf heures, par une nuit sombre et pluvieuse. Notre tente installée, nous dînons sommairement d'œufs durs et de thé, et, brisés de fatigue, nous nous endormons après cette première journée de marche, une des plus pénibles de notre voyage.

V

Réveil à cinq heures. Les préparatifs du départ ne nous permettent pas de nous mettre en route avant six heures et demie. Nous redescendons le versant de la montagne et suivons, au trot, une jolie plage de sable blanc, bordant l'Océan, que nous ne quittons plus jusqu'à *Arzila*, où nous arrivons à sept heures quarante-cinq minutes.

Arzila est une petite ville construite par les Portugais, entourée de fortifications aujourd'hui en ruines. Vue de loin, avec ses quelques beaux palmiers et les hauts minarets qui émergent de la masse de ses maisons blanchâtres, avec ses vieux remparts, constamment battus au nord par les vagues de l'Océan, elle a un cachet oriental qui ne manque pas de charme. Mais on n'a pas plutôt franchi la poterne par laquelle on pénètre en ville, du côté de la plage, que l'on éprouve une sensation de dégoût à l'aspect des cloaques infects formés tout le long des ruelles étroites, bordées de masures.

La moitié des maisons sont en ruines, un grand nombre ne présentent plus qu'un amas de décombres d'où émergent des pans de murs croulants.

Les juifs, qui forment au moins le tiers de la population, sont couverts de guenilles crasseuses et grouillent dans la vermine. L'impression générale est lamentable et repoussante. Le voyageur européen, qui n'a pas encore visité les villes de l'intérieur du Maroc, est saisi d'un haut-le-cœur et se demande comment des êtres humains peuvent vivre dans une pareille ordure.

Notre arrivée à *Arzila* produit une grande sensation. Nous sommes aussitôt entourés par une foule en haillons qui nous escorte jusque chez un vieux juif, exerçant, à Arzila, les fonctions de consul universel. Cette ville, n'étant pas ouverte au commerce, ne peut être visitée par aucun navire; aussi les puissances européennes n'ont pas jugé utile d'y installer des agents consulaires spéciaux, et c'est cet israélite, protégé de la légation espagnole de Tanger, qui est chargé de défendre, le cas échéant, les intérêts des Européens de toutes nationalités pouvant avoir à traverser Arzila.

Nous nous trouvons devant une maison à simple rez-de-chaussée, précédée d'une cour carrelée et ombragée d'une énorme treille;

quoique très modeste, cette demeure est assurément la moins sale et la plus confortable de l'endroit.

Le vieux Moés, le consul, s'avance à notre rencontre, la main tendue, et nous souhaite la bienvenue en espagnol. Il est assez convenablement vêtu d'une longue et vieille lévite noire; sa tête est recouverte d'un mouchoir de cotonnade à carreaux rouges et verts, noué sous le menton; sa longue barbe jaunâtre est parsemée de grains de tabac à priser.

Il écarte la populace grouillante et nous tient l'étrier pour nous faire descendre dans sa maison, où il s'empresse de nous offrir du

SUR LE SOCCO-EL-KEBIR, A TANGER.

lait, des œufs et du thé. Il voudrait nous garder toute la journée chez lui; mais, pressés de continuer notre route, nous repartons, quelques instants après, nous engageant dans un sentier de traverse qui doit, nous assure-t-on, abréger notre route de plusieurs kilomètres.

Nous suivons d'abord un long chemin creux, très couvert, qui serpente à travers les jardins et le long duquel nous avons beaucoup de peine à nous glisser avec nos bagages, tant il est étroit, encaissé et obstrué par les lianes et les ronces; puis, nous traversons une région montagneuse, extrêmement boisée, où nous n'éprouvons pas moins de difficulté à nous frayer un passage. Le sentier, à peine praticable pour des piétons, nous expose cent fois à perdre nos bagages dans des précipices au bord desquels nos mulets ont à peine la place de poser leurs pieds. Le chemin est extrêmement dangereux, et mieux eût valu certainement prendre la voie la plus longue. Enfin, après deux grandes heures de cette affreuse route, nous retrouvons la plage, ce qui nous permet de franchir, au trot, les sept kilomètres environ qui nous séparent d'un petit promontoire que nous apercevons devant nous et que les indigènes appellent *Hadjar-El-Biod* (le rocher blanc). Il s'agit de doubler ce cap avant la marée haute, si nous ne voulons pas être arrêtés pendant plusieurs heures, car la plage, en ce moment découverte, au bord

LE MARCHÉ DE SOUK-EL-ARBA. — LA TENTE D'UN COLLECTEUR DU CAÏD.

de la falaise à pic, va bientôt devenir impraticable. Grâce à la rapidité de notre course, nous arrivons juste à temps pour faire passer nos bêtes, avec de l'eau jusqu'au poitrail.

Non loin de là, nous trouvons une belle source qui jaillit au milieu d'un épais bosquet de gigantesques lauriers-roses. Nous y faisons halte et nous déjeunons sous un délicieux ombrage, bien à l'abri du chaud soleil, qui a dardé sur nous ses rayons pendant toute la matinée. L'endroit est charmant. Une vaste mare, entourée de magnifiques capillaires et recouverte en partie de nénuphars, est peuplée d'une multitude de tortues de toutes grandeurs, dont quelques audacieuses viennent, jusqu'à nos pieds, avaler gloutonnement les miettes de notre repas.

Nous repartons à une heure de l'après-midi et continuons à suivre la plage jusqu'à quatre heures; puis, nous franchissons une montagne assez élevée et arrivons, vers cinq heures et demie du soir, devant le fleuve *Loukkos* (*Oued-El-Kous*).

Sur la rive opposée, on aperçoit la ville de *Larache*, bâtie à l'embouchure du fleuve, au bord de l'Océan.

Le *Loukkos* (*El-Kous* des Marocains) est un fleuve assez important, mesurant, près de son embouchure, cent cinquante mètres de large au minimum. L'entrée en est défendue aux gros navires par une barre de sable qui ne peut être franchie, à marée haute, que par les voiliers ne jaugeant pas plus de cent cinquante à deux cents tonneaux.

C'est dans un des détours du *Loukkos* que les anciens plaçaient le fameux jardin des Hespérides, assure-t-on. — Les rives de ce fleuve sont très verdoyantes et bien ombragées. Des menhirs et autres mégalithes se voient à l'est de la route de Larache à Ksar-El-Kébir.

Un bac est installé pour le passage du *Loukkos*, car il est absolument impossible, en cet endroit, de le passer à gué, même par les marées les plus basses.

Dès notre arrivée à Larache, nous nous rendons chez l'agent consulaire de France, dont le père, bienveillant vieillard, accueillait les Français avec une affabilité toute cordiale et pratiquait, à leur égard, la plus large hospitalité.

Son fils nous reçoit dans la cour de ses magasins, car il est commerçant, en même temps que vice-consul. Il prend connaissance de la lettre de M. le ministre des Affaires étrangères que nous lui présentons et qui nous recommande très particulièrement à tous les agents consulaires du Maroc. Nous pensions qu'avec un tel appui nous trouverions chez notre représentant un accueil, sinon cordial, au moins aimable. Notre vice-consul ne nous offre ni un siège, ni un verre d'eau, et il nous dit qu'il regrette de ne pouvoir nous recevoir chez lui et que Larache ne possédant naturellement ni hôtel, ni auberge, il nous conseille d'aller camper hors de la ville. On n'est pas plus hospitalier! Mais l'attitude de cet agent diplomatique ne nous surprend pas. C'est ainsi que la plupart de nos représentants au Maroc et ailleurs comprennent leur mission. La venue de nationaux dans la ville où ils résident les exaspère. Ils n'ont pas de plus grand désir que de faire partir au plus vite les Français qui visitent leur contrée, et, au cours de notre voyage, nous avons, à plusieurs reprises, constaté ce malheureux état d'esprit chez presque tous. A côté de cela, nous avons pu nous rendre compte *de visu*, à Tanger, de la façon véritablement charmante dont le ministre de Belgique accueillait deux de ses nationaux, de passage en même temps que nous dans cette ville. Autant l'ambassadeur du roi Léopold fut bienveillant et hospitalier pour ses deux compatriotes, autant presque tous nos consuls furent disgracieux pour nous, qui pourtant étions accrédités auprès d'eux par leur chef suprême, le ministre des Affaires étrangères lui-même. Qu'aurait-ce été si nous nous étions présentés sans aucune recommandation ?

Après la peu chaleureuse réception du vice-consul de France à Larache, nous nous dirigeons, à pied, vers le haut de la ville pour aller passer la nuit dans les terrains vagues qui avoisinent la casbah, lorsqu'un juif nous offre l'hospitalité; mais sa maison est si sale, la chambre qu'il veut nous donner sent si mauvais, que nous préférons encore aller dormir sous la tente. A défaut de la protection de notre aimable agent consulaire, nous nous mettons sous celle du pacha de Larache, qui nous envoie un gardien de nuit pour veiller sur notre campement.

Larache ou El-Araîch (la treille) est le chef-lieu de la province du Gharb, une des plus riches et des plus importantes du Maroc. Cette ville a été bombardée par les Espagnols en 1860. Bâtie sur le versant d'une colline, exposée au levant, elle est entourée d'une muraille assez haute, enserrant une agglomération de petites maisons à un seul étage qui s'ouvrent sur des ruelles étroites, mal pavées, sales et tortueuses. Plusieurs mosquées élèvent leurs minarets faïencés au-dessus de la ville, que domine la casbah, château fort où réside le pacha.

C'est au pied des murs de la casbah, sur un petit terrain du Marhzen, couvert de fumier, que nous dressons nos tentes. Ce n'est qu'à huit heures et demie que le guide nous apporte l'échantillon de ses talents culinaires. Un mauvais potage au riz et une poule qui, après avoir servi à faire le bouillon, a été passée à l'huile, composent ce repas que notre extrême fatigue prive même de l'assaisonnement de l'appétit.

Il est dix heures quand nous nous étendons enfin sur nos lits de camp. Mais nous sommes plusieurs fois réveillés par les chants des *muezzins* de deux mosquées voisines; ils appellent les fidèles à la prière et accompagnent leurs oraisons de modulations très originales. L'un d'eux surtout a une assez belle voix de baryton dont il se sert avec goût, et ce chant pieux, qui s'élève au milieu du silence absolu de la nuit, est étrange et produit une vive impression.

Vers le matin, de formidables coups de tonnerre éclatent et une averse torrentielle vient crépiter sur les toiles de la tente. Heureusement cet orage très violent est de courte durée et, à cinq heures et demie, au moment où le jour commence à poindre, nous sonnons le réveil à nos hommes; car il faut, sans tarder, nous mettre en route dans la direction de Fez.

Nous quittons *Larache* à sept heures du matin. Suivant les calculs de notre guide, nous devons aller déjeuner à *Ben Aouda* et coucher à *Abbani*. Nous traversons d'abord un pays dénudé, fortement sablonneux, qui va s'élevant constamment en pente douce pendant près de quatre kilomètres. Nous arrivons ensuite dans une région boisée, couverte de taillis de jeunes chênes-lièges qui ont été récemment incendiés. Ce bois paraît avoir une grande étendue; il s'étend, à droite et à gauche, à perte de vue et nous mettons plus d'une heure à le traverser.

Au bois taillis succède une forêt de grands et beaux arbres, pour la plupart des chênes-lièges, dont quelques-uns sont énormes. Là aussi nous constatons les traces d'un récent incendie qui a dû être très violent. Nous marchons pendant plus de deux heures sous le couvert de cette superbe forêt que nous n'avons

A LA N'ZALA DE MOUZAÏA.

cependant traversée, nous dit notre guide, que dans sa plus faible largeur

Le sol est maigre et sablonneux, le sous-bois complètement dépourvu de broussailles; mais les arbres, même les plus vieux, ont une vigueur de végétation remarquable. Nous en rencontrons quelques-uns dont le tronc mesure plus de six mètres de circonférence et dont les maîtresses branches sont plus grosses que le corps d'un homme.

A la sortie de la forêt, à droite du chemin que nous avons suivi, se trouve un village important. Nous remarquons que les arbres qui avoisinent ce douar portent les traces d'une exploitation méthodique et régulière. Notre guide nous explique que l'exportation du liège étant interdite par le Sultan, une partie du liège récolté sort, tous les ans, en contrebande et que le reste est vendu, dans le pays, pour la confection des ruches à miel.

Plusieurs villages de charbonniers peuplent cette superbe forêt de Larache. Loin de chercher à la détruire, comme le font les indigènes algériens pour procurer des pacages à leurs troupeaux, les Marocains la surveillent, dit-on, avec un soin jaloux, et, lorsqu'un incendie éclate, cet accident est considéré comme une calamité que tous s'efforcent de conjurer.

Nous chevauchons ensuite, jusqu'à onze heures, dans un pays plat et toujours sablonneux, entièrement inculte, sous un soleil

A ABBASSI.

brûlant. Ayant croisé une caravane, nous nous informons si nous approchons de *Ben Aouda*, où nous comptions nous arrêter pour déjeuner; mais on nous répond que nous sommes encore bien loin de ce douar et que c'est tout au plus si nous pourrons y parvenir avant la nuit. A midi et demi, n'apercevant encore aucun village à l'horizon, nous nous décidons à faire halte, sous quelques figuiers, auprès d'une source où nous pouvons abreuver nos bêtes. La chaleur est accablante; il n'y a pas un souffle d'air. Après une heure de repos, dont nous avions tous grand besoin, nous reprenons notre route à travers cette interminable plaine, toujours sablonneuse, sans arbres et d'une monotonie désespérante. Pas un gourbi, pas un fourré, aussi loin que la vue peut s'étendre. C'est le désert, sans même une oasis en perspective. Les indigènes, notre guide compris, ne paraissent avoir qu'une notion très vague du temps et des distances; car, bien que nous prenions l'allure de nos bêtes, ce n'est qu'à cinq heures du soir que nous atteignons enfin le village de *Djemââ* (le marché du vendredi).

Djemââ, située au milieu de l'immense plaine du Gharb, est une agglomération importante de gourbis et de masures en terre, entourée de cactus et de figuiers. De fortes sources alimentent le village et donnent à ses environs un aspect verdoyant. Après avoir franchi une première haie de cactus, on pénètre dans une sorte d'enceinte d'un hectare environ d'étendue, à gauche de laquelle s'élève une kouba, flanquée d'une petite mosquée. Le minaret, dont le sommet est orné d'un mât, où se hisse le drapeau aux heures de la prière, nous prévient que nous aurons encore à subir, pendant la nuit, les chants du muezzin.

Au milieu de l'enceinte, une fontaine se déverse dans un large bassin où les femmes du douar viennent, au coucher du soleil, remplir leur cruche, à tour de rôle.

Nous avons sous les yeux la reproduction fidèle de la scène biblique de Rébecca à la fontaine : le costume, aussi primitif, ne diffère que par le réalisme de sa saleté, mais ces femmes marocaines ont un talent spécial pour se draper artistiquement dans les plus loqueteux haillons. Il n'est pas jusqu'à la forme des grandes amphores, leur servant pour puiser l'eau à la fontaine, qui ne nous rappelle le tableau bien connu.

Le guide et le mokrasni demandent aux hommes venus à notre appel de nous conduire auprès du cheik. Mais ceux-ci, craignant d'avoir à fournir la *mouna*, répondent que le cheik, c'est-à-dire le maire du village, est absent, et qu'il n'y a personne pour le remplacer.

La *mouna* est une institution que l'on retrouve dans presque tous les pays musulmans. Elle existe au Maroc, comme autrefois en Algérie. C'est une contribution, imposée aux habitants des douars, au profit de tous les voyageurs de distinction, munis d'une lettre officielle, qui les oblige à assurer la subsistance de leurs hôtes et des gens qui les escortent. C'est l'hospitalité officielle; mais ce sont les malheureux qui en font les frais.

Nous nous empressons de déclarer aux gens de Djemâà que nous nous présentons en simples voyageurs et que, bien que porteurs d'une lettre sauf-conduit du ministre des Affaires étrangères du Maroc, sidi Torrès, qui nous a été remise avant notre départ de Tanger, nous paierons tout ce que l'on nous fournira. Nous demandons simplement à acheter de l'orge et de la paille pour les bêtes, ainsi que des œufs et du lait pour nous.

Alors tous les fronts se dérident. On nous assigne une place dans la première enceinte pour dresser nos tentes et on nous apporte bientôt ce que nous avons demandé. Il est vrai que les braves gens en profitent pour nous faire payer dix fois la valeur de ce qu'ils nous ont fourni.

***

Nous quittons le village du Djemââ aux premières lueurs de l'aube. Nous nous dirigeons vers *Souk-El-Arba* (le marché du mercredi), laissant à gauche la route de *Ben-Aouda*. La plaine continue, mais elle est devenue très caillouteuse. Nous voyageons d'abord dans un épais brouillard, qui produit d'étranges effets d'optique : le moindre buisson a l'air, de loin, d'une haute futaie ; les chameaux des caravanes que nous allons bientôt croiser nous apparaissent, dans la brume, comme d'immenses bêtes apocalyptiques, de dimensions invraisemblables. A 9 heures, nous arrivons au *Djebel-Dell* (montagne sombre) et, après avoir traversé un long et étroit défilé, nous redescendons vers la plaine d'*Abbassi*. Nous apercevons bientôt, dans le lointain, la blanche kouba au pied de laquelle se tient, tous les mercredis, le grand marché de *Souk-El-Arba*.

La plaine dans laquelle nous entrons est formée d'une terre noire, très argileuse et très dure. Elle est immense et complètement dépourvue d'arbres. A 11 heures, nous arrivons à *El-Arba*. C'est précisément jour de marché. Plus de dix mille Marocains sont réunis sur cette vaste étendue de terrain, où sont dressées des centaines de petites tentes dominées par celles beaucoup plus grandes qui abritent les collecteurs des caïds de *Ben-Aouda* et d'*Abbassi*.

Nous faisons halte au pied de la kouba, construite en mémoire d'un saint personnage, au sommet d'un monticule. De ce point élevé nous jouissons d'un coup d'œil superbe sur cette fourmilière humaine qui s'agite à nos pieds.

Un Marocain nous apprend que, la nuit précédente, un Français, se rendant à Fez, a été complètement dévalisé au village de *Ben-Aouda*, où il s'était arrêté pour la nuit. Pendant son sommeil, des malfaiteurs avaient coupé la toile de sa tente et lui avaient volé tous ses bagages. Il est actuellement, nous dit-on, à parcourir le marché, avec un soldat du caïd, pour tâcher de découvrir les traces de ses voleurs.

Ce récit nous émeut profondément. C'est un compatriote qui se trouve ainsi dépourvu de tout, seul, perdu au milieu de ce pays sauvage et inhospitalier... Notre devoir est de lui venir en aide, et immédiatement nous nous mettons à la recherche de ce Français, pour lui offrir notre assistance.

Après une heure d'investigations, notre guide Abdesselam revient en nous disant qu'il a rencontré le voyageur, mais qu'il s'est bien gardé, en voyant à qui il avait affaire, de lui transmettre nos offres ; que c'est un individu, habitant Tanger depuis plusieurs années, qui jouit d'une très mauvaise réputation ; qu'il le soupçonne de simuler ce vol pour obtenir une grosse indemnité du gouvernement chérifien. Il nous donne divers détails sur les faits et gestes de ce personnage, et le portrait moral qu'il nous en fait le représente comme un homme non seulement peu recommandable, mais même dangereux.

Pendant que nous déjeunons, nous voyons arriver notre digne compatriote, en bottes à l'écuyère, coiffé d'un grand chapeau, recouvert d'un voile vert, monté sur un cheval noir et suivi d'un « mokrasni », d'un domestique européen et d'un indigène. Il passe devant nous, nous examine longuement et continue son chemin sans nous adresser la parole, se contentant de toucher légèrement le bord de son large chapeau.

A 1 heure de l'après-midi, nous repartons et traversons, sous un soleil de feu, une série de plateaux et de collines dénudés, au sol sablonneux, mélangé de gros cailloux ronds qui rendent la marche très pénible.

A 3 heures, nous arrivons au village d'*Abbassi*, où notre guide affirmait que nous ne parviendrions pas avant la nuit. Néanmoins il nous faut renoncer à continuer notre route, car nous arriverions de nuit au gué du *Sebaou*, dont la traversée est dangereuse et sur les rives duquel il serait, nous dit-on, très imprudent de passer la nuit. Quelle que soit notre insistance pour que nous allions coucher chez le caïd des *Beni-Hassen*, le muletier juif refuse formellement de se risquer de nuit au milieu de cette tribu pillarde, qui a, au Maroc, une détestable réputation. Devant la peur de tous les gens de notre escorte, dont le soldat du sultan est assurément le plus poltron, nous sommes obligés de céder et nous faisons dresser nos tentes dans une sorte de jardin, clos de figuiers de Barbarie, planté d'orangers et de poiriers, qui nous est assigné comme lieu de campement par les gens du caïd d'*Abbassi*.

Peu après nous recevons la visite du *khalifat* (lieutenant du caïd). Il vient s'informer de la qualité des voyageurs et leur souhaiter la bienvenue de la part de son maître ; nous lui remettons la lettre de sidi Torrès, et, suivant l'étiquette du pays, nous nous rendons ensuite auprès du caïd. Il nous reçoit chez lui, à demi couché sur une pile de coussins, entouré de plusieurs Maures, richement vêtus. Il nous fait asseoir à ses côtés, nous offre la traditionnelle tasse de thé, et, après nous avoir longuement questionnés sur notre pays, il met fin à l'entretien en nous disant qu'il répond de notre sûreté et qu'il pourvoira à tous nos besoins et à ceux de notre escorte, pendant tout le temps qu'il nous plaira de demeurer chez lui.

En sortant de chez le caïd, nous sommes accostés par un Marocain qui nous apprend que son maître, cousin du Sultan, de passage comme nous à *Abbassi*, vient d'être informé de notre arrivée et nous fait demander si nous ne pourrions pas lui procurer une purge, pour une de ses femmes qui est malade. Nous voilà forcés de jouer le rôle du médecin malgré lui.

L'indigène nous conduit, accompagné de notre interprète, dans un petit pavillon écarté, où nous nous trouvons en présence d'un mulâtre, haut enturbanné, couché sur une pile de tapis et de coussins. Il est, comme le caïd, en compagnie de plusieurs Marocains, bien vêtus, respectueusement accroupis à ses côtés.

C'est un homme de cinquante ans environ, à la barbe rare et

LA TRAVERSÉE D'UN OUED.

frisée, aux cheveux assez fortement crépus ; il a l'œil très vif et le regard perçant, mais son teint de mulâtre a un aspect terreux et la cornée de ses yeux présente une teinte jaunâtre qui frappe au premier aspect.

Après l'échange des *salamalecks* d'usage, nous lui demandons ce à quoi nous pouvons lui être utile. Il nous répond qu'il désirerait avoir une purge pour une personne de sa suite qui souffre, depuis quelques jours, de violents maux de tête. Nous lui faisons observer que l'usage d'un purgatif, pris à propos, peut être une excellente chose, mais qu'il peut aussi aggraver le mal, s'il est administré à tort. Nous désirerions d'abord examiner la personne à laquelle le médicament est destiné. Il nous confesse alors que c'est de lui-même qu'il s'agit.

L'aspect de sa langue et l'examen de son pouls démontrent surabondamment qu'il doit souffrir d'un embarras gastrique. Pour calmer ses douleurs de tête, nous lui faisons avaler un cachet d'antipyrine et lui laissons du sulfate de magnésie que nous lui recommandons de prendre le matin, à son réveil.

Il nous questionne sur l'itinéraire que nous comptons suivre et nous engage avec insistance à aller lui faire visite dans son palais de Fez, où il compte être de retour dans quelques jours.

Il voulait nous garder à dîner, mais, voyant que nous déclinions son invitation en prétextant une grande fatigue, il nous fait suivre par un de ses esclaves, qui nous apporte un énorme plat de viande capable de rassasier vingt affamés.

Un Marocain de Fez qui nous a demandé la permission de se joindre à notre caravane nous apprend que notre malade n'est autre que Sidi-El-Haoussine, cousin de l'Empereur et frère de Sidi-Ba-Ahmed, le grand vizir, premier ministre du Sultan, et que ce personnage jouit à la cour d'une influence considérable.

Le caïd d'*Abbassi* nous envoie la *mouna*. Impossible de la refuser sans lui faire injure. On nous apporte une large provision d'orge et de paille pour nos bêtes et, pour nous, trois poulets, deux douzaines d'œufs, un pain de sucre, une livre de thé, un paquet de bougies, une énorme jatte de lait et plusieurs pains arabes ; enfin, un énorme quartier de mouton grillé.

Nous abandonnons toutes ces victuailles à nos hommes d'escorte, qui font bombance jusqu'à une heure avancée de la nuit.

Nous quittons *Abbassi* à 6 heures et arrivons à 7 heures et demie devant le *Sebaon*. L'*oued Sebaon* est un des grands fleuves du Maroc. Il prend sa source à une centaine de kilomètres au sud de Fez, dans le *Djebel des Beni-Azrar*. Son cours est d'environ 550 kilomètres. Il passe près de Fez, qu'il laisse à 5 kilomètres de sa rive gauche, reçoit successivement les eaux des *oueds Yenahoum, Ouarra Beht* et, après avoir traversé l'immense plaine des *Beni-Hassen*, va se jeter dans l'Océan, près de *la Mamora*. Bien que nous le traversions fort loin de son embouchure et que nous soyons à la fin de la saison sèche, au mois de septembre, c'est-à-dire au moment où ses eaux sont les plus basses, il est cependant difficile de le passer à gué. Nous le franchissons sur de petits radeaux, construits avec des bottes de joncs tressées que des indigènes, entièrement nus, remorquent en se mettant à l'eau jusqu'au cou.

Le fleuve passé, nous entrons dans la province des *Beni-Hassen*. Toute la journée, nous excitons nos bêtes qui, à partir de midi, semblent épuisées de soif et exténuées, et ce n'est que le soir que nous atteignons, après une terrible journée de marche, le village de *Ben-Chellia*.

Notre guide va présenter la lettre de sidi Torrès au caïd, dont le bordj est situé non loin de la N'zala, où nous nous sommes arrêtés. Il revient nous prévenir qu'en l'absence de son chef, le khalifat attend notre visite.

Arrivé devant le bordj, une sorte de porte-clefs-concierge parlemente un moment avec nos hommes avant de nous livrer passage, puis se décide à nous conduire auprès du khalifat, qui nous reçoit avec le cérémonial et la mise en scène traditionnels, c'est-à-dire nonchalamment couché sur une pile de coussins et entouré de deux acolytes, pleins de dignité. Il nous fait asseoir sur un coussin à ses côtés et nous adresse toutes sortes de compliments. Bientôt on apporte des brochettes de viande grillée auxquelles, bon gré mal gré, il nous faut goûter ; puis il nous fait ingurgiter les trois tasses de thé réglementaires.

Au Maroc, plusieurs fois par jour, chacun boit du thé, et, chaque fois, on en prend au moins trois tasses. Tout Marocain qui se respecte offre à ses visiteurs la boisson nationale. Pendant notre collation, un jeune esclave du plus beau noir, à la mine éveillée, se tient près de nous et chasse les mouches, au moyen d'un mouchoir qu'il fait adroitement claquer comme un fouet, en le lançant en avant et le retirant brusquement.

La curiosité du khalifat paraît fort excitée par la vue de notre « détective » photographique. Il finit par risquer une question timide et notre guide lui explique que c'est un instrument avec lequel on prend les vues des paysages dont on désire conserver le souvenir. Cette explication est incompréhensible pour notre hôte. Alors, nous lui montrons le fonctionnement de l'appareil. Mais notre démonstration ne paraît pas avoir fait la lumière dans son esprit et la conversation en reste là.

On nous assigne un emplacement près de la N'zala, pour y dresser nos tentes, et, à la tombée de la nuit, le khalifat nous fait apporter la mouna, composée d'un énorme plat de couscous pour nous et d'une provision d'orge pour nos mulets.

Nous allions dîner lorsqu'un Arabe se présente en nous demandant un verre de cognac pour notre compatriote M. A..., le fameux volé rencontré à *Souk-El-Arba*, qui est, dit-il, campé non loin de nous. Nous remettons à cet indigène ce qu'il nous demande en le chargeant de faire observer à son maître qu'il aurait bien pu venir faire cette démarche lui-même.

Nous ne tardons pas à regretter cette réflexion, car nous voyons arriver bientôt cet individu. Il nous dit qu'il a craint d'être importun en faisant route avec nous, mais qu'il serait très heureux de se joindre à notre caravane. Il essaye de nous questionner sur le but de notre voyage. Puis il nous raconte son histoire. Il est Lyonnais. Après avoir servi dans les chasseurs d'Afrique, il s'est marié et est venu au Maroc, il y a six ans, pour y faire le commerce des soieries. Il a fait apprendre l'arabe à sa femme, et celle-ci va recueillir les commandes dans les harems des caïds et des pachas, commandes qu'il fait ensuite exécuter par les fabricants de Lyon. Il a déjà gagné, dit-il, une cinquantaine de mille francs à ce commerce et s'est fait construire, à Tanger, une jolie villa où il réside. Il a déjà fait plusieurs voyages à Fez, et, dans le dernier qu'il a entrepris, il y a trois mois, avec sa femme, il avait réuni des commandes importantes qu'il était allé faire exécuter à Lyon, laissant sa femme à Fez sous la garde d'un soldat marocain (!). Il revenait, avec cinq caisses de soieries représentant une valeur de plus de 80,000 francs, lorsqu'il a été victime, deux nuits auparavant, à *Ben-Aouda*, d'un vol audacieux. Alors qu'il était campé, pour passer la nuit, près du bordj du caïd, des voleurs ont fendu la toile de sa tente et, pendant son sommeil, lui ont emporté ses caisses, qui contenaient toute sa fortune. Ce n'est que le lendemain, lorsque son muletier est venu le réveiller, qu'il s'est aperçu de cette soustraction.

Mais il va se plaindre à notre ambassadeur, et il compte bien que le Sultan lui restituera la valeur de tout ce qui lui a été dérobé.

Achille et René Garnier.

SUR LA PLAGE, À TANGER.

www.ingramcontent.com/pod-product-compliance
Ingram Content Group UK Ltd.
Pitfield, Milton Keynes, MK11 3LW, UK
UKHW012126240726
13965UKWH00005B/1998

9 782013 077507